글・그림 맥 판 하크동크

네덜란드의 그래픽 디자이너이자 삽화가로, 헤이그에 있는 왕립예술학교에서 공부했습니다. 학교에 다닐 때부터 동물들, 특히 펭귄과 고래를 소재로 재미있으면서도 교육적인 만화들을 그렸습니다. 현재 작가는 로테르담에 있는 블라이도르프 동물원의 삽화가로 일하고 있으며, 어린이들을 위한 책을 여러 권 출판했습니다. 그의 책에서는 주요 인물로 동물이 자주 등장합니다.

옮김 한도인

영문학자이자 대학교수입니다. 성균관대학교에서 셰익스피어에 관한 연구로 박사 학위를 받았고, 현재 단국대학교 교양학부에서 영어를 가르치고 있습니다. 매년 영어와 영문학 전반, 특히 셰익스피어에 관한 연구 논문을 발표하는 한편, 틈틈이 연극 감상평을 쓰기도 하고 학술 번역은 물론 아동 청소년 소설 번역도 열심히 하고 있습니다. 어린 시절을 작은 시골에서 보낸 기억을 어젯밤 꿈처럼 마음속 한켠에 두고 있는 옮긴이는 글쓰기와 그림 그리기를 좋아해서 언젠가는 그 기억을 글과 그림으로 풀어내고 싶어합니다. 그동안《초록빛 도시를 만든 에코 생쥐 삼형제》,《레오나르도 다빈치의 마지막 노트》등 아동 청소년 소설을 번역했습니다.

세계에 이런 곳이?

초판 1쇄 펴낸날 2023년 9월 1일
2판 1쇄 펴낸날 2025년 11월 30일

지은이・그린이 맥 판 하크동크 | **옮긴이** 한도인 | **펴낸이** 양승윤
펴낸곳 (주)와이엘씨 | **출판등록** 1987년 12월 8일 제1987-000005호
주소 서울특별시 강남구 강남대로 354 혜천빌딩 15층
전화 02-555-3200 | **팩스** 02-552-0436 | **홈페이지** www.aladinbook.co.kr

값 14,800원
ISBN 978-89-8401-394-0 74400 | 978-89-8401-399-5 (세트)

Wow! Reis rond de wereld. Ontdek de mooiste plekken van onze aardbol
by Mack van Gageldonk / First published in Belgium and the Netherlands
by Clavis Uitgeverij, Hasselt-Alkmaar-New York, 2019
Text and illustrations copyright © 2019 Clavis Uitgeverij, Hasselt-Alkmaar-New York

All rights reserved.
Korean translation Copyright © 2023 YLC Inc.
Arranged through Icarias Agency, Seoul

이 책의 한국어판 저작권은 Icarias Agency 를 통해 Clavis Uitgeverij 와 독점 계약한 (주)와이엘씨에 있습니다.
저작권법에 의하여 한국 내에서 보호를 받는 저작물이므로 무단전재와 복제를 금합니다.

알라딘 북스는 (주)와이엘씨의 어린이 책 출판 브랜드입니다.

① 품명 : 세계에 이런 곳이?
② 제조자명 : 알라딘북스
③ 주소 : 서울시 강남구 강남대로 354
④ 연락처 : 02-555-3200
⑤ 제조년월 : 2025년 11월
⑥ 제조국 : 대한민국
⑦ 사용연령 : 6세 이상
⑧ 취급상 주의사항
 • 종이에 베이지 않도록 하세요.
 • 책의 모서리가 날카로우니 던지거나 떨어뜨려 다치지 않도록 주의하세요.
⑨ KC마크는 이 제품이 공통안전기준에 적합하였음을 의미합니다.

구석구석 대륙 탐험
세계에 이런 곳이?

글·그림 **맥 판 하크동크** | 옮김 **한도인**

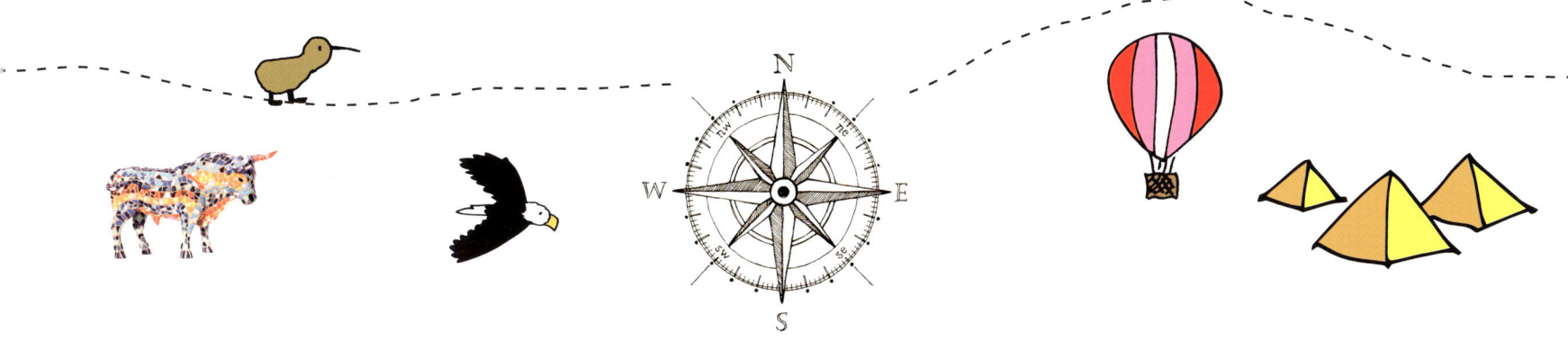

특별한 지구 여행을 떠나요

우리가 사는 지구에는 **아름다운 곳**이 많습니다. 여러분은 이 책을 읽으며, 지구의 모든 대륙을 탐험하게 될 겁니다. 각각의 대륙에서 가장 인상 깊은 건물과 화려한 축제, 그리고 아름다운 자연을 속속들이 찾아볼 거예요. 여행하면서 여러분은 수수께끼에 싸인 조각상과 다른 곳에서는 보기 힘든 신기한 동물과 식물 들, 그리고 정글 깊숙이 숨어 있는 고대 사원의 유적을 만나게 됩니다.

남극 대륙에서는 얼음 평원에 사는 펭귄 친구들이 뒤뚱거리며 노는 모습을 보게 될 테고, 아메리카 대륙의 북쪽, 북아메리카에서는 뜨거운 평원에 대성당의 탑 모양으로 솟아 있는 산맥을 발견할 거예요. 아프리카 대륙에서는 사람의 머리에 사자 몸을 가진 수수께끼의 조각상을 만나고 미라가 있는 지하 무덤에도 갈 겁니다. 지구에는 이렇게 대륙마다 여러분의 **숨을 멈추게 할 정도**로 특별하면서도 아름다운 장소가 많이 있습니다. 여러분, 그 장소들을 여행할 준비가 되었나요? 그러면 이제 구석구석 대륙을 탐험하는 우리의 여행을 시작할게요!

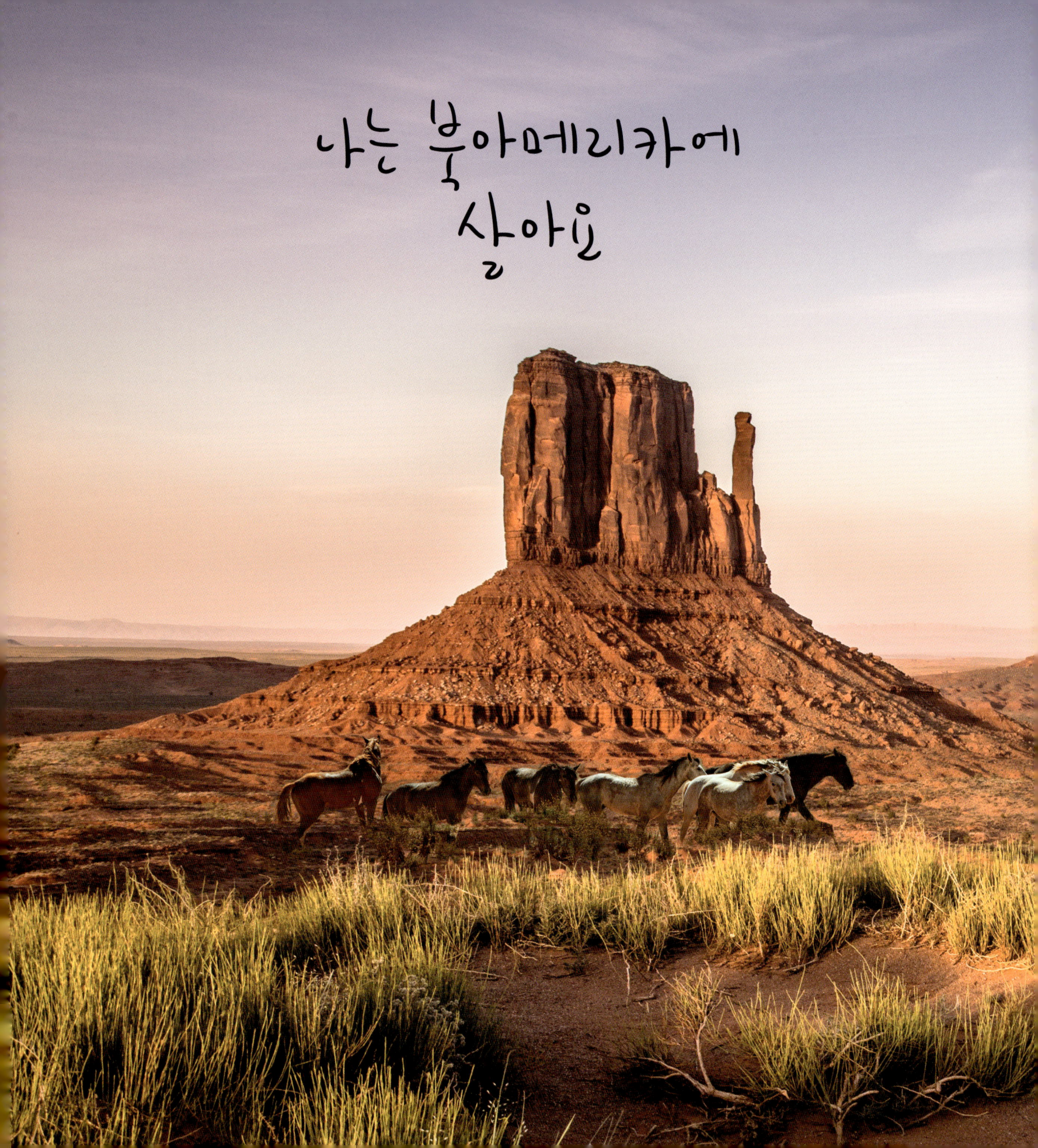

나는 북아메리카에 살아요

북아메리카

북아메리카 대륙에는 열다섯 개 이상의 나라가 있습니다. 가장 큰 나라는 캐나다인데, 몸집이 말보다 큰 사슴인 무스가 살고 있습니다. 미국과 멕시코가 그다음인데요, 멕시코에는 마야 문명의 태양 신전과 몇 미터나 되는 긴 선인장이 있습니다.

미국은 아마 세계에서 가장 유명한 나라일 겁니다. 뉴욕이나 샌프란시스코 같은 대도시가 있는 데다가 아주 특이한 산들도 있습니다. 이를테면 사람 얼굴이 조각된 바위가 있는 **러시모어 산**처럼 말이지요. 여러분은 바위에 새겨진 얼굴들이 누군지 알고 있나요? 왼쪽에서 오른쪽의 순서대로, 조지 워싱턴, 토머스 제퍼슨, 시어도어 루스벨트, 그리고 에이브러햄 링컨입니다. 모두 미국의 전 대통령들이지요. 조각들의 높이는 대략 18미터 정도입니다. 오래전에 화강암 위에 새겨졌는데요, 엄청난 양의 폭약을 사용해서 바위 표면에 구멍을 만들고 난 후에 얼굴을 다듬었습니다. 해마다 수만 명의 관광객들이 러시모어 산을 찾아와 대통령들의 얼굴을 보며 감탄합니다.

미국의 자연 보호 구역

미국에는 아름다운 자연 보호 구역이 많이 있습니다. 그중에서 모뉴먼트 밸리를 찾아가 볼게요. 이곳에는 거대한 바위들이 기념비처럼 솟아 있습니다. 이 바위들의 들쑥날쑥 불규칙한 모양은 침식 작용으로 인해 생긴 것입니다. 물과 바람이 오랜 세월을 공들여 깎고 빚어낸 작품이지요. 모뉴먼트 밸리의 바위에는 철 성분이 아주 많아서 녹슨 쇠의 빛깔을 띠고 있습니다.

요세미티 국립 공원

또 다른 유명한 자연 보호 구역인 요세미티 국립 공원에는 늑대와 곰들이 살고 있는데요, 그보다도 훨씬 더 인상적인 것은 거대한 **세쿼이아** 숲입니다. 미국의 몇몇 지역에서만 볼 수 있는 나무인 세쿼이아는 천 년은 너끈히 사는데, 그 나이가 되면 폭은 7미터 이상, 높이는 80미터 이상이 된다고 합니다. 그 정도면 거의 고층 건물 높이만 한 거지요.

에버글레이즈 습지

에버글레이즈 습지는 미국 플로리다 주의 남부에 있습니다. 원시 상태의 넓은 늪지대 사이를 물이 흐르고 있습니다. 이 습지에는 아주 다양한 동물과 식물이 살고 있는데, 카약을 타고 가다 보면 멸종이 우려되는 소중한 동물과 식물 들을 만나게 될 거예요. 하지만 조심해야 합니다. 에버글레이즈에는 아메리카앨리게이터 같은 악어도 살고 있거든요!

옐로스톤 국립 공원은 세계에서 가장 오래된 국립 공원입니다. 1872년에 설립되었지요. 이곳은 늑대와 들소, 그리고 여러 종류의 곰들 집입니다. 이 공원에는 펄펄 끓는 뜨거운 마그마가 땅속 깊은 곳에서부터 나와 지표면의 물을 덥혀 만든 간헐천이 있습니다. 이 간헐천은 뜨거운 물이나 수증기를 공중으로 쏘아 올리기도 하고, 아름다운 빛깔을 내는 온천을 만들기도 합니다.

뉴욕 시

뉴욕 시는 미국의 동부 해안에 자리 잡고 있습니다. 뉴욕은 세계적으로 유명한 도시로, 중심부는 고층빌딩으로 가득합니다. 어떤 빌딩은 백 년도 훨씬 전에 지어졌습니다. 그리고 뉴욕에는 거대한 자유의 여신상이 있습니다. 배를 타고 뉴욕 항으로 들어오면 46미터의 여신상이 여러분을 맞이하지요. 이곳을 찾은 방문객들은 엘리베이터를 타고 꼭대기까지 올라가 아름다운 전망을 감상할 수 있습니다.

샌프란시스코

미국의 서부 해안 지역에 있는 샌프란시스코는 40개 이상의 언덕 위에 세워진 도시입니다. 몇몇 언덕은 경사가 아주 가팔라서 **트램**도 비스듬하게 비껴서 올라가야 합니다. 예전에는 트램 대신 말을 타고 올랐는데요, 사실 말에게도 너무 힘든 일이었습니다. 그래서 트램으로 바뀌게 되었지요. 이곳의 트램은 전기로 작동하는 것이 아니고 케이블로 연결되어 있습니다. 매우 천천히 움직이기 때문에 지금은 거의 관광객들만 이용합니다.

샌프란시스코의 상징적 건축물인 **금문교**는 세계에서 가장 유명한 다리 중 하나입니다. 많은 사람들이 가장 아름답다고 생각하는 다리로, 길이가 거의 3킬로미터에 이르고, 물 위에 아주 높게 드리워 있지요. 하지만 이름과는 다르게, 다리는 금색이 아니라 주홍색입니다. 안개가 끼어도 다리가 잘 보이게 하려고 건축가가 그런 색을 선택했다는 이야기가 전해집니다.

- 도로의 일부에 설치한 레일 위를 운행하는 전차.

캐나다

캐나다는 북아메리카의 맨 위쪽에 있는 **비버**의 나라입니다. 비버는 물가나 물속에서 사는데요, 가족 모두가 함께 나뭇가지로 만든 집에서 삽니다. 통나무집에서 사는 셈이죠. 통나무집의 입구는 보통 수면 아래에 있어서 어떤 적도 침입하지 못합니다. 비버들에게는 수면이 너무 높이 올라가거나 너무 많이 내려가지 않는 것이 중요합니다. 집에 물이 넘치거나, 아니면 입구가 겉으로 드러나면 안 되기 때문이지요. 그래서 비버는 나무를 갉아서 커다란 나뭇가지를 만들어 직접 댐을 쌓습니다. 그렇게 만든 댐으로 수면 높이를 일정하게 유지하는데요, 길이가 축구 경기장보다 더 긴 것도 있답니다!

북극

북아메리카의 가장 먼 북쪽 끝은 북극입니다. 이곳은 날씨가 얼음 나라라고 할 만큼 춥습니다. 북극의 터줏대감인 북극곰은 캐나다와 알래스카, 그리고 그린란드에서 살고 있습니다. 북극의 바다는 거의 1년 내내 얼어 있으므로 북극곰은 얼음 덩어리 사이를 돌아다니며 지내지요. 하지만 지구 온난화 현상으로 인해서 북극의 얼음이 점점 더 빠른 속도로 녹고 있습니다. 안타깝게도 두툼한 털옷을 입고 있는 북극곰이 살기에 북극은 이제 너무 따뜻해졌지요.

북아메리카는 **무스**의 고향이기도 합니다. 말코손바닥사슴이라고 불리는 무스는 사슴 중에 가장 큰 동물인데, 보통 사슴과는 달리 무리를 지어 살지 않고 홀로 지냅니다. 수십 만 마리의 무스가 이 지역에 살고 있기는 하지만, 우리 눈에는 그다지 자주 보이진 않습니다. 낯가림이 많은, 수줍은 친구들이거든요.

남아메리카

남아메리카 대륙 서쪽에는 세계에서 가장 긴 안데스 산맥이 쭉 뻗어 있습니다. 그리고 이 산악 지대의 높은 곳에 마추픽추 유적이 있습니다. 마추픽추는 아주 오래전 잉카 족의 거주지였습니다. 지금도 산 정상에 위대한 잉카 제국의 유적들이 남아 있어서 여러분이 이곳을 찾아가게 되면 잉카 제국의 사원이나 귀족의 집, 그리고 잉카 족이 만든 해시계들을 볼 수 있습니다.

남아메리카에는 여러 인디언 부족이 살고 있으며, 열대 과일도 풍부합니다. 그리고 세계에서 가장 큰 열대 우림•이 있는 아마존 강이 있습니다. 대륙 본토에서 멀리 떨어진 바다에는 이스터 섬이 있습니다. 지금은 칠레의 영토이지만, 예전에는 오세아니아의 여러 섬으로 이루어진 왕국에 속했던 것으로 보입니다. 이 섬 곳곳에는 거대한 석상이 있습니다. 그런데 아무도 석상들이 어떻게 그리고 왜 그곳에 있게 되었는지 정확히 알지 못합니다. 바로 그 사실이 이스터 섬을 매우 매력적인 장소로 만들지요.

• 1년 내내 기온이 높고 비가 많은 적도 부근의 열대 지방에서 발달하는 삼림.

아마존의 다양한 동물

아마존 강 양옆에 있는 열대우림은 생명의 보물 창고입니다. 지구 위에서 날아다니는 모든 새의 다섯 마리 중 하나는 여기에서 날아다닙니다. 여러 종류의 독수리와 화려한 색을 자랑하는 앵무새들, 그리고 긴 주둥이를 가진 큰부리새도 있지요. 아마존 강에서는 분홍돌고래를 만날 수도 있습니다. 하지만 강물에 발을 담그지는 마세요. 날카로운 이빨을 가진 피라냐가 살고 있거든요! 강가를 돌아볼 때도 조심해야 합니다. 아마존에 사는 가장 커다란 고양이과의 포식자인 **재규어**가 소리 없이 어슬렁거리고 있으니까요. 재규어의 앞니는 아주 강력한 무기여서 다 자란 악어를 공격하기도 합니다.

아마존의 인디언

아마존 강의 열대우림은 이제까지 알려진 정글 중에 가장 규모가 큽니다. 이곳의 열대우림은 수백만 제곱킬로미터의 땅을 덮고 있고 아홉 개 국가에 걸쳐 있습니다. 아직도 여러 인디언 부족이 밀림 깊숙한 곳에서 삽니다. 대개의 부족은 가끔은 외부 세계와 접촉하기도 합니다만, 아직도 외부 사람들을 절대 들어오지 못하게 하는 부족들도 있습니다. 그들에 대해서 우리가 알 수 있는 것은 없지요. 아마도 그런 부족들은 이곳저곳으로 옮겨 다니면서 식물과 과일을 따 먹거나 물고기와 동물을 잡아먹으면서 살아가고 있을 겁니다.

이스터 섬

이스터 섬은 남아메리카 대륙 본토와 아주 멀리 떨어져 있습니다. 이스터 섬은 사실 크기도 그다지 크지 않아서 만일 이 섬에 **모아이**라는 수수께끼가 없었더라면 아마도 전혀 알려지지 않았을 겁니다. 모아이는 섬 전역에 흩어져 있는 수 미터 크기의 석상을 부르는 이름입니다. 배를 타고 섬에 도착하면 일렬로 늘어선 모아이들이 여러분을 맞이해 줄 겁니다. 아주 많은 학자들이 다양한 이론을 내놓기는 했지만, 아직까지도 그 옛날에 왜 이런 모습의 석상을 만들었는지, 그리고 어떻게 이곳에 세워졌는지 아무도 정확하게 알지 못합니다.

푸카오를 쓴 모아이

이스터 섬에는 석상이 나무보다 더 많습니다. 다 합하면 수백 개나 됩니다. 섬세하게 장식된 석상들도 많은데요, 어떤 석상은 푸카오라는 모자를 쓰고 있기도 합니다. 이 거대한 석상들은 섬에 있는 화산에서 조각한 듯 보입니다. 화산 안에서 아직 완성되지 않은 석상들이 많이 발견되었거든요. 그런데 그 모습이 마치 모든 조각가가 한꺼번에 작업을 멈춘 듯이 보입니다. 왜 그렇게 되었는지는 아무도 모릅니다.

리우데자네이루

리우데자네이루는 남아메리카 대륙에서 가장 넓은 나라인 브라질에서도 꽤 유명한 곳입니다. 이 도시는 해변과 산이 어우러진 아름다운 곳으로 세계적으로 이름이 나 있습니다. 특히 거대한 예수상이 있는 산이 유명하지요. 케이블카를 타고 이 산에 오르는 관광객들은 도시의 여러 지역을 한눈에 감상할 수 있습니다. 1년에 한 번 리우 카니발이 열리면, 리우데자네이루의 거리와 광장에는 다양한 음악이 흘러넘치고, 거리 여기저기에서 신나게 춤추는 사람들을 볼 수 있습니다.

해변 축구

리우데자네이루의 모래가 가득한 해변에서는 축구하는 사람들을 많이 볼 수 있습니다. 이곳 사람들은 축구를 정말 사랑합니다. 남아메리카에서 나고 자란 축구 스타들이 전 세계에서 활발히 활동하고 있지요.

리우 카니발

리우 카니발은 밤낮을 가리지 않고 4일 동안 내내 열립니다. 카니발 기간 내내 삼바 음악을 어디에서나 들을 수 있고 삼바 퍼레이드가 이어집니다. 삼바 학교에서는 학교의 명예를 걸고 가장 아름답게 수레와 자신을 꾸미며, 이 퍼레이드를 준비한다고 합니다.

유럽

유럽은 **역사 깊은 도시**와 오래된 건물, 박물관, 그리고 유명한 학교와 대학이 있는 대륙입니다. 파리와 런던, 로마, 베를린, 암스테르담, 브뤼셀, 모스크바는 세계 각국에서 온 관광객들의 사랑을 받고 있습니다. 이 도시들은 저마다 서로 다른 역사와 자신만의 분위기를 갖고 있지요.

로마 시내에는 고대 로마 시대에 지어진 건물들이 아직도 우뚝 서 있습니다. 모스크바의 붉은 광장에 가면 요정의 궁전처럼 생긴 성 바실리 성당이 여러분을 사로잡지요. 또, 런던과 파리에는 많은 기념물이 여러분을 기다리고 있습니다. 이 두 도시에는 그 지역을 대표하는 아주 유명한 장소가 있는데, 바로 파리의 에펠 탑과 런던의 시계탑 빅벤입니다. 영국의 왕실 근위병들이 높다란 털모자를 쓰고 질서 정연하게 행진하는 모습도 아주 멋있습니다.

이탈리아

세계를 일주하는 여행가들은 이탈리아에서 기꺼이 발걸음을 멈춥니다. 이탈리아는 가 볼 데가 너무나 많은 나라거든요. 수도인 로마에서는 고대 로마인들의 모습을 지금도 느낄 수 있습니다. 로마 중심가에는 로마의 황제들이 약 2천 년 전에 세운 건물들이 가득하거든요. 콜로세움도 그중 하나입니다. 검투사들이 칼과 창을 들고 사자나 다른 야생 동물들과 격투를 벌이던 곳이지요. 이탈리아 음식인 피자와 파스타는 여러 나라 사람들이 즐기고 있습니다. 이탈리아 중부에 있는 도시 피사의 기울어진 탑과 유서 깊은 도시 시에나에서 해마다 개최되는 말 경주를 보러 많은 관광객들이 모입니다. 그리고 해변에 있는 도시에는 알록달록한 집들이 늘어서 있는데, 물놀이를 즐길 수 있어 휴양지로 사랑받고 있습니다. 그리고 물의 도시 베네치아가 있습니다. 물 위에 세워진 베네치아는 모든 길이 운하로 되어 있습니다. 이곳에서 가면 축제가 열리는 기간이면, 모든 주민이 예전부터 내려오는 전통적인 옷차림을 합니다. 그리고 저마다 아주 화려하게 만든 가면을 씁니다.

스페인

스페인에는 유명한 도시가 많이 있습니다. 대륙 곳곳을 여행하는 사람들이라면 수도인 마드리드는 당연히 가 봐야 할 테지만, **바르셀로나**도 놓칠 수 없는 곳입니다. 바르셀로나에서 가장 놀랄 만한 건물은 건축가인 가우디가 설계한 건물들입니다. 자연에서 많은 영감을 받았다는 가우디는 성당과 공원, 저택들을 설계했는데, 그 모습이 아주 독특합니다. 사그라다 파밀리아 성당의 겉모습은 마치 떨어지는 촛농 모양이고, 카사 바트요의 발코니는 가면을 쓴 것처럼 보입니다. 구엘 공원은 동화에 나오는 정원 같은데, 공원 안에 있는 집의 지붕은 양파 모양이고, 전등은 거북이, 의자는 거대한 버섯 모양이지요. 가우디는 특히 작은 타일 조각들로 자신의 건축물에 형형색색의 퍼즐을 만들었습니다. 가우디 덕택에 바르셀로나는 볼거리가 너무나 많아졌습니다.

유럽의 성

유럽을 여행하다 보면 어딜 가든지 성을 볼 수 있습니다. 중세 시대의 유럽인들은 자신들의 마을을 보호할 목적으로 성을 세웠습니다. 그래서 성들은 매우 튼튼하게 지어졌고, 수 세기가 지난 지금까지도 여러 곳에 많이 남아 있습니다. 영국에 있는 보디암 성은 방어를 목적으로 건축한 성의 구조를 잘 보여줍니다. 성 주변에는 해자•가 있고, 성으로 들어오는 다리는 들어 올려질 수 있었습니다. 망루를 통해서는 적을 감시하고 창, 화살 혹은 다른 무기들로 공격할 수 있었습니다.

• 성 주위에 둘러 판 못.

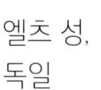

엘츠 성,
독일

보여주기 위한 성

중세 이후, 성들은 점점 더 아름다워졌습니다. 성은 이제 방어를 위한 것이 아니라 자신들의 능력을 자랑할 목적으로 지어졌지요. 위쪽 사진을 왼쪽부터 오른쪽 순서로 보세요. 덴마크에 있는 에스코브 성, 그다음은 체코 공화국의 흘루보카 성, 그리고 산꼭대기에 세워진 포르투갈의 페나 궁전입니다. 첫 번째 성은 적의 침입으로부터 보호할 목적으로 세워졌습니다. 다른 두 개의 성은 방어가 목적이 아니기에 훨씬 더 화려합니다. 금과 은으로 장식했으며, 내부에는 샹들리에 장식으로 가득한 커다란 무도회장도 있습니다.

독일 남부에 있는 노이슈반스타인 성은 루드비히 2세가 세웠는데, 자신이 이상적이라 생각하는 것들을 성의 구조와 장식에 적용했다고 합니다. 산속 높은 곳에 있어서 마치 동화에 나오는 궁전처럼 보입니다. 디즈니는 노이슈반스타인 성에서 영감을 받아 잠자는 숲속의 공주에 나오는 성을 만들었다고 합니다.

마사레 성탑, 프랑스

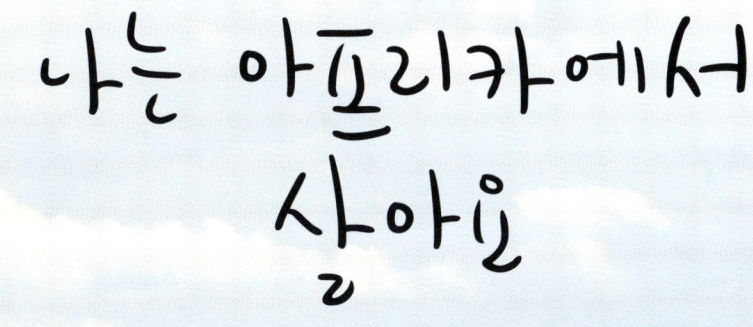

나는 아프리카에서
살아요

나도!

아프리카

아프리카는 진정한 탐험가를 위한 대륙입니다. 이곳에서 여러분은 고대에 만들어진 피라미드와 거대한 폭포, 그리고 세상에서 가장 큰 사막을 발견하게 될 겁니다. 또한, 아프리카는 동물들의 낙원인 **사바나**•와 초원이 있는 대륙이기도 하지요.

기린, 사자, 하마, 코끼리, 치타……. 이 동물들이 모두 다 아프리카에 삽니다. 코뿔소, 카멜레온, 그리고 침팬지와 보노보, 고릴라 같은 유인원••들도 마찬가지이고요. 아프리카의 평원에 가면 어느 순간 갑자기, 천천히 겅중겅중 걷고 있는 기린 무리를 맞닥뜨릴 수도 있을 거예요. 아니면 사자에 대한 경계를 쉬지 않는 수많은 얼룩말 무리를 볼 수도 있고요. 그런데 뭐니 뭐니 해도 야생에서 볼 수 있는 가장 인상적인 동물은 코끼리일 겁니다. 코끼리는 대가족이 무리를 지어 물이 있는 곳에서 또 다른 물이 있는 곳으로 줄지어 걸어갑니다. 만일 여러분이 함께 있는 코끼리 가족을 보게 되면, 그 멋있는 모습에 한동안 할 말을 잃을 겁니다.

• 건기와 우기가 뚜렷한 지역에서 나타나는 열대 초원지대.
•• 척추동물 영장목 진원아목 사람상과에 속하는 포유류로, 꼬리가 없는 게 특징이에요.

유인원

아프리카는 몸집이 가장 큰 대형 유인원들의 고향입니다. 가장 크고 힘이 센 유인원은 **고릴라**인데요, 수컷은 몸무게가 200킬로그램까지 나갑니다. 고릴라는 중앙아프리카의 작은 지역에서 무리를 지어 살고 있습니다. 수컷은 때때로 자기 가슴을 세게 두드리곤 하는데, 이런 행동은 자기를 과시하기 위한 것입니다. 그것을 제외하면 고릴라는 성품이 온순합니다. 과일과 나무줄기, 나뭇잎들을 주로 먹지요. 어린 고릴라는 나무 타기를 좋아하지만, 다 자라게 되면 나무 타기에는 너무 무거워집니다.

침팬지

다른 유인원들과 마찬가지로 침팬지도 **꼬리가 없고**, 아주 영리합니다. 예를 들면, 나뭇가지 같은 도구를 사용하는데요, 먹이를 구할 때나 싸움을 할 때 사용합니다. 싸움은 침팬지가 매우 잘하는 일 중 하나입니다. 침팬지는 커다란 무리를 이뤄 살아갑니다. 고릴라와 마찬가지로 모든 무리에는 지도자 격인 수컷이 있는데요, 그 친구가 대장입니다!

보노보는 침팬지와 아주 비슷하지만, 몸집이 조금 더 작습니다. 보노보는 신체 구조가 인간과 아주 가까운 유인원입니다. 보노보의 행동과 감정 표현도 인간과 비슷한데, 여러분도 보자마자 알아차릴 수 있을 거예요. 보노보는 콩고의 열대우림 안에서만 사는데, 그 수가 아주 적습니다.

이집트의 피라미드

이집트의 사막에는 모래 위로 솟아 있는 삼각형 구조물이 있습니다. 어떤 것은 수백 미터나 되는데요, 바로 피라미드들입니다! 어떤 피라미드에는 사람의 얼굴에 사자의 몸을 가진 **스핑크스**가 지키고 있기도 합니다.

피라미드는 수천 년 전에 그 당시의 통치자인 파라오를 위해 지어졌는데, 수백만 개의 돌이 필요했다고 합니다. 피라미드에는 죽은 파라오와 함께 수많은 종류의 보물, 귀중품 그리고 살아있을 때 사용하던 물건들이 매장되었습니다. 피라미드는 죽음 너머에 있는 다른 세계로 가는 길에 잠시 머무는 매우 호화로운 중간 정거장인 셈이지요!

록소르 신전

보물

파라오는 수많은 보석, 금과 함께 피라미드 안 비밀의 방에 묻혔습니다. 그래서 보물 사냥꾼들이 그곳까지 쉽게 다가갈 수 없었지요. 무덤들 안에서는 많은 조각상이 발견되었습니다. 어떤 것은 **파라오** 자신의 모습을 하고 있었고, 또 어떤 것들은 고양이, 개, 그리고 악어와 같은 동물의 모습이었습니다.

미라

파라오들은 죽고 난 후에도 특별한 대우를 받았습니다. 파라오의 시체는 깨끗이 씻겨서 향료를 입히고 천으로 감싸서 미라로 만든 다음 아름다운 관에 잘 모셔 두었습니다. 관은 호화롭게 장식했고, 금으로 덮어씌웠습니다.

파라오 투탕카멘

마다가스카르

아프리카 남동쪽에 있는 커다란 섬 마다가스카르에서는 자연이 만든 아주 특별한 것을 볼 수 있습니다. 뿌리가 위에 있어서 거꾸로 자라는 것같이 보이는 나무가 있는데요, 바로 **바오바브나무**들입니다. 이 나무는 몸통이 아주 두껍고 꼭대기에 작은 잎사귀들이 있습니다. 바오바브나무의 몸통은 지름이 10미터 이상이 될 수 있고 키는 25미터까지 자랄 수 있습니다. 바오바브나무는 두꺼운 몸통에 물을 저장하는데요, 그래서 매우 긴 마다가스카르의 건기를 아주 잘 견뎌 낼 수 있습니다.

여우원숭이

마다가스카르에는 나무들 사이에서 이리저리 어슬렁거리는 재미있는 동물이 있습니다. 여우원숭이들인데요, 원숭이처럼 생기긴 했지만 자세히 들여다보면 다른 점이 보입니다. 여우원숭이는 **원원류**•이거든요. 여우원숭이는 여러 종이 있습니다. 어떤 종은 엄청나게 부드러운 털을 가지고 있는데, 가장 잘 알려진 종은 알락꼬리여우원숭이입니다. 이 친구의 꼬리는 길이가 50센티가 넘기도 하는데, 각자의 꼬리마다 무늬가 다르답니다. 아마 그렇게 다른 무늬가 있어서 알락꼬리여우원숭이들도 서로를 알아볼 수 있는 것이겠지요.

마다가스카르의 모래 평원에 가면 **미어캣**이 드문드문 무리를 지어 있는 것을 볼 수 있습니다. 가족 모두가 하늘을 보며 주변에 맹금류가 있는지 살피고 있는 것입니다. 안전하다는 것이 확인되면, 가장 좋아하는 먹이인 전갈을 찾아 나섭니다.

카멜레온은 여러 지역에서 발견할 수 있지만, 대부분의 종이 마다가스카르의 녹색 수풀 속에 숨어 있습니다. 이구아나처럼 생긴 이 도마뱀은 될 수 있으면 눈에 안 뜨이기를 바라서, 주변과 비슷한 색으로 지냅니다. 만일 이 친구가 몸의 색깔을 바꾸면 여러분은 분명하게 볼 수 있을 거예요. 카멜레온은 화가 나거나 혹은 암컷을 좋아한다는 것을 알리기 위해 자신의 몸 색을 바꾼다고 합니다.

• 포유류 영장목에 속한 아목을 이루는 무리. 고등의 원숭이류인 진원류보다 원시적이다.

나는 아시아에 살아요

  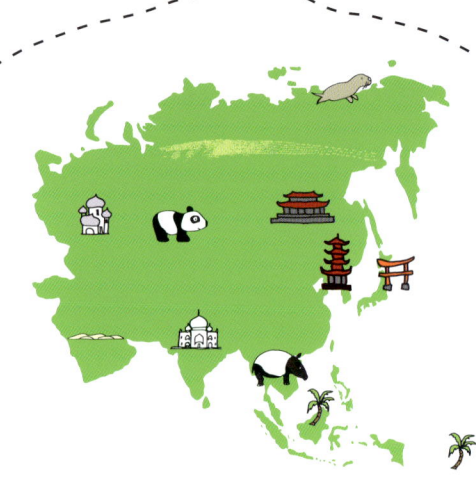

아시아

아시아는 면적이 가장 큰 대륙입니다. 멋진 사실은 시베리아 횡단 기차를 타면 아시아 대륙을 가로질러 건너갈 수 있다는 것입니다. 만약 러시아에서 기차를 타면, 여러분은 몽골을 거쳐 중국까지 갈 수 있습니다. 중국에서는 수천 킬로미터에 이르는 만리장성을 걸어볼 수 있습니다. 아시아에서 여러분은 아름다운 사원과 드넓게 펼쳐진 논, 고대부터 내려온 제례의식도 볼 수 있습니다. 그리고 특별한 동물들을 만날 수도 있지요. 이를테면 판다와 테이퍼 같은 동물들을요. 보통 판다라고 불리는 대왕판다의 털은 흰색과 검은색이 섞여 있고, 테이퍼는 코와 윗입술이 길게 자란 모양이 코끼리를 떠올리게 합니다. 다채로운 색을 자랑하는 인도에는 세계에서 가장 아름다운 건물 중 하나인 **타지마할**이 있습니다. 시간과 공간을 뛰어넘는 절대적인 아름다움을 보여준다는 타지마할은 무굴 제국의 황제였던 샤 자한이 사랑했던 왕비인 뭄타즈 마할이 죽자 그를 기리기 위해 하얀 대리석으로 세우게 한 것입니다.

 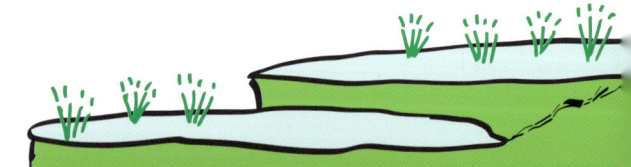

중국

중국은 여러 얼굴을 가진 나라입니다. 상하이, 베이징 그리고 홍콩은 최첨단의 도시로 발전하고 있는데, 다른 모습의 중국도 있지요. 전통적인 사원들, 그리고 중국식으로 치러지는 새해 명절과 해마다 열리는 얼음 축제, 세계에서 가장 거대한 건축물인 **만리장성**이 있는 곳이 중국입니다.

만리장성은 산 굽이굽이에 둘러져 있어서 하늘에서 보면 꿈틀거리는 용처럼 보입니다. 성벽의 총길이가 약 6,400킬로미터인데요, 만리장성 여섯 개면 지구를 한 바퀴 두를 수 있다고 합니다. 만리장성은 몇 세기 전에 적의 침입을 막기 위해 세워졌습니다. 그런데 만리장성을 걸어가는 동안에는 **판다**를 볼 수 없을 겁니다. 그 친구들은 대나무 숲에 숨어서 나뭇잎을 먹느라 엄청나게 바쁘거든요.

인도네시아

인도네시아는 **수백 개의 섬**으로 이루어진 나라입니다. 모든 섬이 적도 주변에 있어서 몹시 덥습니다. 가장 면적이 큰 섬들, 이를테면 수마트라와 칼리만탄 같은 섬에서는 대규모의 열대우림도 발견할 수 있습니다. 이 지역에서는 호랑이가 어슬렁거리고 오랑우탄이 나뭇가지를 타고 이리저리 오갑니다. 원숭이들은 가장 좋아하는 과일, 이를테면 잭프루트라고 불리는 커다란 바라밀이나 끈적한 두리안을 찾아내지요. 또, 이곳은 새들이 매일 나무 위 높은 곳에 새로운 둥지를 만들어도 될 만큼 나뭇가지와 나뭇잎들도 풍부합니다.

인도네시아의 섬들은 모두 뭔가 특별한 것이 있습니다. 발리는 신들의 섬인데요, 사원과 신비로운 동굴이 아주 많습니다. 코모도 섬에는 코모도왕도마뱀이 사는데, 길이가 3미터나 되는 세상에서 가장 큰 도마뱀입니다. 뱀의 혀처럼 생긴 이 도마뱀의 혀에는 독이 있어서 커다란 동물도 마비시킬 수 있습니다. 게다가 엄청 빠르다고 합니다. 그러니 조심하셔야 해요!

태국

태국을 여행하는 동안 여러분은 계속해서 사원을 마주치게 될 겁니다. 오른쪽으로 가면 새벽의 사원이라 불리는 왓 아룬이 있고 위쪽으로 가면 왓 마하탓이 있는 것처럼 말이지요. 하지만 사원을 많이 만난다고 해도 전혀 지루하지 않습니다. 저마다 다르게 형형색색으로 칠해져 있고 어디에나 아름다운 조각상들이 있거든요. 마음의 평화로움, 고요함 같은 내적인 힘을 보여주는 조각상들이 많지만, 어떤 것들은 좀 우스꽝스러운 얼굴을 하고 있기도 합니다.

태국의 사원 입구에는 한 개 이상의 드바라팔라가 있습니다. 이 불교의 수호신들은 손에 검이나 다른 무기를 들고 있는 경우가 많은데요, 그런 것들로 사원의 보물을 확실하게 지킵니다. 드바라팔라는 아시아의 다른 나라들에 있는 사원에서도 볼 수 있습니다만, 태국의 사원 지킴이처럼 아름답게 채색된 것은 어디에도 없습니다.

나는 오세아니아에 살아요

나도!

오세아니아

오세아니아는 오스트레일리아, 뉴질랜드를 포함하여 여러 섬으로 이루어져 있습니다. 여러분이 만약 이곳의 중심인 오스트레일리아를 가로지르는 여행을 하게 된다면, 물을 충분히 가져가야 합니다. 오스트레일리아에는 아주 건조한 사막 지역이 많고, 어떤 강은 1년의 여러 달 동안 물기가 바싹 말라 있거든요. 오스트레일리아는 다른 대륙과 멀리 떨어진 섬이기 때문에 오랫동안 나머지 세상과 왕래하지 않고 떨어져 지냈습니다. 그래서 이 섬의 동물들은 자기 나름대로 발전하게 되었고, 다른 곳에서는 발견할 수 없는 그런 모습의 동물들이 되었습니다. 하나를 예로 들어 본다면, 캥거루 같은 **유대류 동물**이 있는데요, 이 동물들은 복부에 있는 주머니같이 생긴 육아낭에 새끼를 두고 키웁니다. 귀여운 코알라도 유대류 동물인데, 오스트레일리아의 야생 지역에서만 볼 수 있습니다. 유대류는 아니지만, 바늘두더지와 타조같이 생긴 에뮤, 선사시대에서 뛰쳐나온 것 같은 날지 못하는 새인 화식조도 볼 수 있습니다. 뉴질랜드에는 작고, 통통한 날지 못하는 새가 이리저리 돌아다니는데요, 바로 키위들입니다.

오스트레일리아 원주민

오스트레일리아에 살던 원래 주민들은 어보리진이라 불립니다. 어보리진들은 예전부터 전해 내려온 자신들의 독창적인 풍습을 자랑스러워하고 지키려고 노력합니다. 나무로 만든 악기인 **디저리두**는 약 천 년 전부터 사용했을 것으로 여겨지고 있습니다. 또, 독특한 모양으로 그린 그들만의 예술 작품은 현재 전 세계의 미술관에 걸려 있지요. 오스트레일리아의 원주민들은 활이나 화살은 잘 모르지만, 대신 자신들이 새와 캥거루를 사냥하는 데 사용한 부메랑에 대해서는 전문가입니다.

캥거루

오스트레일리아는 캥거루의 땅이기도 합니다. 큰 나무 하나 보이지 않는 평야나 도시와 가까운 숲 등 어디를 가나 캥거루를 보게 됩니다. 캥거루는 유대류 동물입니다. 그래서 캥거루의 새끼는 2센티미터 정도의 작은 벌레 같은 모습으로 태어난 뒤, 어미의 새끼주머니에서 처음 몇 달을 보내지요. 여기에서 새끼들은 훗날 밖으로 뛰어나가 세상을 탐험할 만큼 자랄 때까지 엄마의 젖을 먹고 무럭무럭 자랍니다. 점프 능력이 뛰어난 캥거루는 시속 60~70킬로미터로 빠르게 뛸 수 있습니다.

캥거루는 균형 잡는 데 쓰는 긴꼬리가 있고, 뒷다리가 발달해서 오스트레일리아의 드넓은 평야에서 아주 잘 이동할 수 있습니다. 그런데 아주 조용한 해안가에서 발견되기도 하는데, 그곳에서 캥거루는 일광욕을 즐기듯이 햇빛을 받으며 누워 있기도 합니다.

나는 남극에
살아요

남극

남극 대륙은 거의 다 얼음으로 덮여 있고 지구상에서 가장 추운 곳입니다. 남극은, 기온이 여름에는 섭씨 영하 20도, 겨울에는 섭씨 영하 60도에 이릅니다. 식물이라고는 거의 발견하기 힘들지만 동물은 있습니다. 물개와 고래는 추위를 전혀 신경쓰지 않는 듯 보입니다. 북극곰은 여기에서 발견할 수 없습니다. 북극곰은 북극에서 사니까요. 펭귄도 역시 남극의 추위를 잘 이겨 냅니다. 펭귄 중 가장 몸집이 큰 황제펭귄은 남극의 겨울에 알을 낳고 키우는 유일한 동물입니다. 암컷이 먹이를 구하러 나가면, 수컷들은 병풍처럼 서로 가까이 서서 추위를 막아 알을 따뜻하게 유지합니다. 몇 달이 지나고 나면, 알에서 나온 작은 새끼들이 주위를 뒤뚱뒤뚱거리며 걸어 다니지요. 새끼들은 처음에는 회색빛 솜털로 뒤덮여 있지만, 여러분이 알아차리기도 전에 솜털을 벗어 버리고 얼음 같은 차가운 남극의 추위 속에서 자신만의 삶을 살아갈 준비를 마칩니다.

찾아보기

가우디 • 34
고릴라 • 41~43
그린란드 • 17
금문교 • 15
남극 • 7, 64, 66
남아메리카 • 19~20, 24, 26~27
뉴욕 • 10, 14
뉴질랜드 • 60
드바라팔라 • 56
디저리두 • 62
러시모어 산 • 10
런던 • 30
로마 • 30, 33
리우 카니발 • 26~27

리우데자네이루 • 26~27
마다가스카르 • 46~47
마추픽추 • 20
만리장성 • 50, 52
멕시코 • 10
모뉴먼트 밸리 • 12
모스크바 • 30
모아이 • 24~25
무스 • 10, 17
미국 • 10, 12~15
미라 • 7, 45
미어캣 • 47
바르셀로나 • 34
바오바브나무 • 46

보노보 • 41, 43
북극곰 • 17, 66
북아메리카 • 7~8, 10, 16~17
분홍돌고래 • 22
비버 • 16
빅벤 • 30
사바나 • 41
샌프란시스코 • 10, 15
세쿼이아 • 13
성 바실리 성당 • 30
스페인 • 34
스핑크스 • 44
아마존 강 • 20, 22~23
아메리카앨리게이터 • 13

아시아 • 49~50, 56	요세미티 국립 공원 • 13	캐나다 • 10, 16~17
아프리카 • 39, 41~42	유대류 동물 • 60, 63	캥거루 • 60, 63
알락꼬리여우원숭이 • 47	유럽 • 29~30, 36	코모도왕도마뱀 • 54
어보리진 • 62	유인원 • 41~43	코알라 • 60
에버글레이즈 습지 • 13	이스터 섬 • 20, 24~25	콜로세움 • 33
에펠 탑 • 30	이집트 • 44	타지마할 • 50
여우원숭이 • 47	이탈리아 • 33	태국 • 56
열대우림 • 20, 22~23, 43, 54	인도네시아 • 54	트램 • 15
옐로스톤 국립 공원 • 13	인디언 • 20, 23	파라오 • 44~45
오랑우탄 • 54	자유의 여신상 • 14	파리 • 30
오세아니아 • 20, 59~60	재규어 • 22	판다 • 50, 52
오스트레일리아 • 60, 62~63	중국 • 50, 52	펭귄 • 7, 66
왓 마하탓 • 56	침팬지 • 43	피라미드 • 41, 44~45
왓 아룬 • 56	카멜레온 • 41, 47	

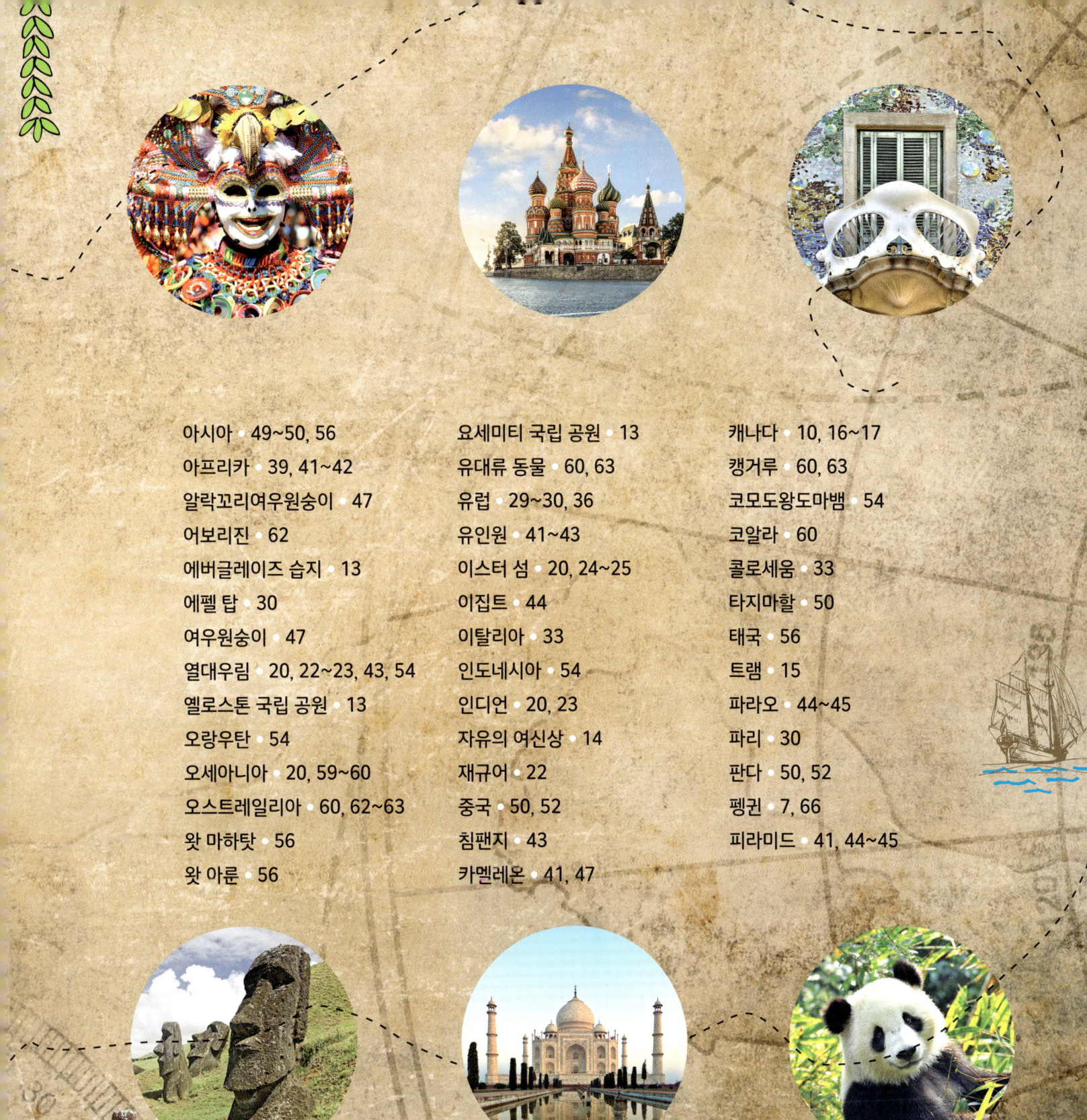